UNA VIDA FELIZ

UNA GUIA PARA SALIR DE LA DEPRESION

ADRIEL FANTASIA

Una Vida Feliz

Una Guia para Salir de la Depresión

Agradecimientos	**3**
Introduccion	**4**
El "Para que" de este libro	4
La Felicidad	5
Las Emociones	5
Los Pensamientos	6
Una Vida Feliz	6
Capitulo 1: La Depresion	**6**
Capitulo 2: Como entre en Depresion	**10**
Una Nueva Aventura	10
"Vamos a llegar a Londres"	16
Viajando por el Mundo	18
Londres: El Ritual	20
Edinburgo: Mision Espiritual	22
Nuevo Panorama	23
Capitulo 3: Como Salir de la Depresion	**26**
Paso 1: Aceptar la Herida, Aceptar la Depresion	27
Paso 2: Reconocimiento	27
Paso 3: Ordena tu Mente	28
Paso 4: Ordena y Sana tu Entorno	30
Paso 5: Actividad Fisica	32
Paso 6: Habitos: Hacer cosas que te hagan Bien	33
Paso 7: Proposito	37
Capitulo 4: Las 7 Esferas de la Felicidad	**40**
Estado de Felicidad, Bariloche 2021	41
Estado de Depresion, Edimburgo 2021	44
Las 7 Esferas de la Felicidad	47
Esfera de la Salud	47
Esfera de Hogar	49
Esfera de la Comunidad	51
Esfera del Servicio	52
Esfera de Evolucion	53
Esfera de Alianza	54
Esfera de Recursos	56
Conclusion	**57**
Sobre el Autor	**58**

Agradecimientos

Hay muchos libros que tienen un apartado de agradecimientos, pero nunca me encontre con uno que explique que es la un agradecimiento, que es la gratitud.

La gratitud es un sentimiento de honra y reconocimiento hacia algo o alguien, es reconocer que esa persona fue parte escencial de tu proceso creativo, es reconocer su servicio, su producto, su consejo, su sonrisa, su compañia.

La gratitud es un sentimiento que bien expresado amplifica las virtudes de las otras personas, pruebe, comiencen agradecer los abrazos de ese amigo y crearan mas abrazos, agradezcan el beso de su alianza, y habra mas besos, agradezcan los chistes de su padre y habra mas chistes.

La gratitud es una herramienta de amplificacion de la energia.

Quiero agradecer principalmente a todas las almas que caminan en el Camino de Sirio son mi principal inspiracion a que elija compartir la informacion que canalizo en un formato de libro, gracias por siempre acompañarme en mi proceso evolutivo, leyendo mis canalizaciones, compartiendolas con sus amigos, contandole a sus familiares, citando mis channelings, citando mis reflexiones en reuniones, **me llena de entusiasmo saber que la vibracion de mis palabras toca mas corazones de los que yo puedo ver con mis 6 sentidos.**

Quiero agradecer a Marta por elegirme como su coach y confiar en nuestro trabajo como algo sagrado, quiero agradecerle su entusiasmo por recordar su mision y por apoyarme telepaticamente en mis creaciones

Quiero agradecer a todos los seres que me eligieron como sus guias en sus procesos de evolucion

Quiero agraceder a un gran aliado, Leandro, que me regalo una computadora nueva para mi cumpleaños porque la mia tenia el teclado roto y gracias a esta computadora que el me regalo, me senti muy inspirado a escribir este libro sin limitaciones

Quiero agradecer a mi compañera y alianza, Luana, por superar todos los desafios que van a leer en este libro con la energia del amor. Sos una gran lider y guerrera. Me inspiras con tus ojos a iluminar los caminos de muchos humanos en el planeta. Te amo mas que la vibracion que emite el Te amo

Este libro esta dedicado a todas las almas que buscan evolucionar guiados por el chakra corazon.

IMPORTANTE: *Cuando canalice este libro utilice una musica especifica para alcanzar la frecuencia en la que la informacion se encontraba, se recomienda para una experiencia mas profunda, escuchar este playlist mientras se lee el libro, el beneficio de esto es que te da la*

oportunidad a ti de canalizar informacion que quizas no esta en el libro, y es de gran valor.
https://open.spotify.com/album/1XrrxJ8AUxrdoCXUwbvm3J?si=CXhYmEFBSNWRkGufbqlh_w.

Introduccion

El "Para que" de este libro

Este libro es para que tengamos herramientas tangibles para que cualquier humano que habite hoy el planeta tierra pueda salir de la depresion o de cualquier otro estado psiquico en el que se consideren estancados, "poco felices" o simplemente quieran aumentar su felicidad

Me parece necesario escribir este libro porque realmente no creo que la gente sea feliz, ya ni nos saludamos, no nos miramos a los ojos cuando caminamos por las calles, ya no nos sonreimos, ya nos nos abrazamos con tanta confianza. Y todas las cosas hermosas ocurren cuando estamos felices, cuando estamos felices no ponemos limitaciones en abrazarnos, no nos juzgamos ni tampoco juzgamos a otros, no tenemos miedo a decir te amo ni tampoco a decirle a nuestros amigos que hermosos se ven con ese traje o que bien son haciendo su trabajo, es como si en la felicidad se disolviera la parte toxica del ego que te hace creer que sos un fragmento separado del universo

Es como que en la felicidad la gente se olvida su edad, su rol en la sociedad y vuelven a ser niños por ese momento.

Me inspira mucho crear este libro el hecho de ver a muchos de mis amigos de mi secundaria o con los que me crie que amedida que crecen los veo menos felices, mas apagados, mas miedosos, toman menos riesgos, se rien menos, juegan menos a la vida, y juegan mas a tomarse todo muy en serio y como dijo John Lennon "La vida es eso que pasa mientras estamos ocupados", veo los "adultos" tomarse la vida muy en serio y viviendo como si fueran eternos, es como si se creen demasiado eso de ser "adultos" y se olvidan de jugar.

Antes de comenzar el libro debemos aclarar porque seleccione este titulo para la expresion de este mensaje. Y la mejor manera de contarselo es analizando y sintiendo un poco el concepto, esto es lo que dice la real academia española:

Una: adjetivo infinitivo
Vida: Propiedad o cualidad esencial de los animales y las plantas, por la cual evolucionan, se adaptan al medio, se desarrollan y se reproducen.
Feliz: Que se siente plenamente satisfecho por gozar de todo lo que desea o por disfrutar de algo bueno.

Esto es lo que siento yo:

Una: Indica Unidad

Vida: Es una experiencia multidimensional que elegiste para poder expresar tu proposito en el tiempo y espacio en el que encarnaste. Tu vida puede ser experimentada atraves de diferentes formas, la forma que probablemente elegiste mientras lees este libro, es la forma humana.

Feliz: Es un estado psiquico-corporal en el que logras mantenerte enfocado en frecuencias emocionales que vibran por mayor a 250hz.

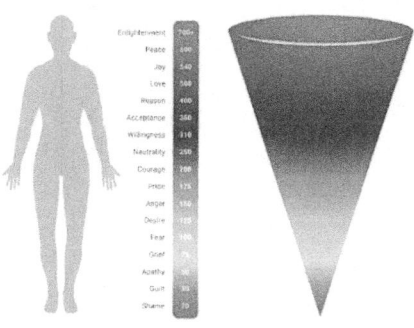

La Felicidad

La felicidad varia dependiendo que tan rapido vibra tu cuerpo, La felicidad es salud, ya que si mantenes tu cuerpo vibrando a mas 250hz puede ser capaz de sanar cualquier daño psiquico/corporal que se le haya producido. Las frecuencias mas "poderosas" son el amor, la gratitud, la paz.

Las Emociones

Si te estas preguntando como es posible medir las emociones, dejame explartelo. Las emociones vienen de *e-motion* que significa *energia en movimiento*.

Tus pensamientos producen diferentes emociones, y luego esa energia se mueve atraves de todo el cuerpo influenciondo su comportamiento. Entonces podemos medir con un Electroencefalograma (EEG) los pulsos electricos que producen tus pensamientos y mediante tu actividad cerebral podemos saber con precision cuales son las emociones a las que estan vibrando tu cuerpo. Ya que los pensamientos que gestas en tu mente son tambien el alimento de tu cuerpo.

Los Pensamientos

Los pensamientos son pulsos electricos producidos en tu cerebro a partir de la sinapsis entre las neuronas, que gracias a tu mente le dan forma de palabras, imagenes, formas, oraciones etc

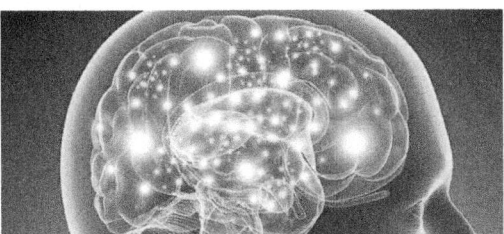

Nuestro cerebro es capaz de crear atraves de la sinapsis entre sus neuronas alrededor de 60,000 pensamientos al dia, y el 95% de esos pensamientos surgen por programaciones subconscientes automaticas, esto quiere decir que mas del 90% de tus pensamientos son los mismos que el dia anterior.

Debido a que nuestra conciencia solo puede captar una fraccion de nuestros pensamientos, la mayoria de nuestros pensamientos ocurren de manera subconciente influenciando al cuerpo y sus estados de animo

Una Vida Feliz

Entonces el libro "Una Vida Feliz" es una guia de herramientas para ayudar a la humanidad a mantener una feliz experiencia en su estancia en el Planeta Tierra. Es una formula garantizada para poder experimentar la paz interior y poder reconocer cuando nos alejamos de esta hermosa frecuencia

Capitulo 1: La Depresion

Que es la depresion?

La depresion es el estado subconsciente de la psiquis en el que no se considera una persona feliz, sino todo lo contrario, Aunque la conciencia quiera sentirse feliz, el subconsciente es mas fuerte y cuando estas experimentando un poco de felicidad va aparecer un pensamiento recordandote que no sos feliz. Esto es la depresion.

Cuando uno experimenta la depresion no puede ver todas las posibilidades que se encuentran en el cuantico, solo puede ver la peor posibilidad, porque se encuentra en estado de supervivencia, y cuando nos encontramos en estado de supervivencia nuestra psiquis tiende siempre a imaginar el peor escenario ya que cualquier cosa mejor a eso, significa vivir.

La depresion se siente pesada en el cuerpo, y esa misma energia sera la responsable de no querer hacerte accionar en tareas tan simples como lavarte los dientes, cargar el celular, llamar a tus padres o amigos, ir a salir a comprar para comer, cocinar, ir a hacer pis, poner una alarma.

ES COMO SI TODO EL MUNDO SE VOLVIERA PESADO

Es porque realmente asi esta vibrando tu cuerpo, recuerdas el grafico de las emociones?

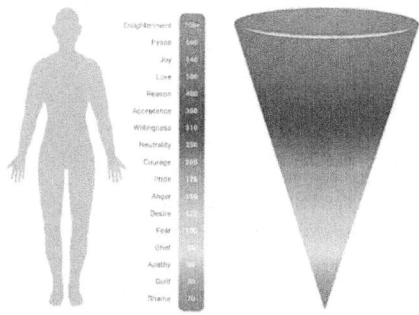

Te lo muestro por si te lo olvidaste

Cuanto mas denso vibras mas dificil es tomar accion. Cuanto mas te acerques al a frecuencia del amor, mas facil es tomar acciones inspiradas

Entonces aca va la primer revelacion
Hay una formula para la depresion asi como la hay para la felicidad. Y este libro te va enseñar ambas

Para que?
Simple, para que puedas reconocer a las personas cuando estan deprimidas, y puedas compartirle la formula de la felicidad.

Como es posible que haya una formula para la depresion y felicidad?

Es posible porque no importa si naciste en corea del norte, cuba, rusia o argentina, nuestra mente funciona cuanticamente bajo los mismos principios, lo que quiere decir es que si agregas o quitas ciertas programaciones en la psiquis de una mente podes lograr diferentes reacciones quimicas dentro de su cuerpo, estas reacciones quimicas se llaman emociones, y volvemos de nuevo a grafico de las emociones

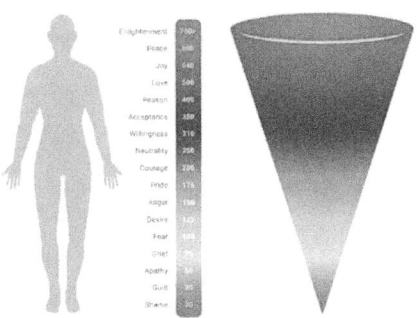

Es importante que te lo aprendas.

Bien ahora te voy a mostrar la definicion clinica de la depresión

Depresion: Enfermedad o trastorno mental que se caracteriza por una profunda tristeza, decaimiento anímico, baja autoestima, pérdida de interés por todo y disminución de las funciones psíquicas.

Bien ahora vamosa buscar que es una enfermedad

Enfermedad: Alteración leve o grave del funcionamiento normal de un organismo o de alguna de sus partes debida a una causa interna o externa.

Una enfermedad es una desarmonia entre la vibracion de las celulas, imaginense las celulas como las cuerda de una guitarra, imaginense que una cuerda se empieza a desafinar y suena en desarmonia con las otras, ok, esa cuerda desafinada es la enfermedad, cuando una celula se encuentra vibrando en desarmonia con las otras se enferma, y cuanto mas tiempo se encuentra en desarmonia mas complejo es volverla a poner en su estado original

Ahora la buena noticia es que SIEMPRE SE PUEDE VOLVER A ARMONIZAR LAS CELULAS, lo que quiere decir es que SIEMPRE ES POSIBLE VOLVER A SER SALUDABLE

No me crees? Probablemente esa sea la energia de la depresion hablando por vos, yo tambien pense que estar deprimido era mi identidad, hasta llegue a pensar que era para siempre

Pero mira, respira, sonrei, y te digo con mucho amor que es temporal, no le hagas casos a esas voces que te dicen que va durar para siempre, solo hacen ruido.

Aca un pequeño adelanto de la formula de la depresion.

A medida que la depresion avanza empieza a formar en la psiquis del humano una serie de pensamientos y sentimientos que hacen distorsionar la identidad del individuo

Estos pensamientos y sentimientos si no son sanados a tiempo, pasan a ser acciones, que pasan a ser habitos, que pasan a ser tu personalidad

Estos tienen su identidad propia, por eso es tan dificl erradicarlos, porque empiezan a producir quimicos al que tu cuerpo se hace adicto y para mantenerse vivas el cuerpo los vuelve a pedir esos quimicos toxicos, por eso tomar farmacos no es la solucion, es simplemente tapar el problema, tapar la raiz.

La depresion es una capa de voces que intentan apagan la luz de tu escencia

Bien como es que me considero un experto en esto?

Porque estuve deprimido, MUY MUY DEPRIMIDO, y te voy a contar la historia de como sali de la depresion mediante la AUTO OBSERVACION, sin farmacos y sin psicologos.

Aca les prepare un hermoso video inspiracional de 5 minutos que les va motivar si ustedes o un amigo estan atravesando por esta experiencia. Mirenlo antes de pasar al siguiente episodio

Como adelante te dejo una frase del video

"En todo humano yace una luz capaz de iluminar toda oscuridad o penumbra,
Esta luz es capaz de sanar cada herida, cada zona oscura
Algunos con los años se olvidan que tienen esta luz
Pero otros la mantienen encendida
Esperando que algun dia
Todos volvamos a encenderla"

Capitulo 2: Como entre en Depresion

Una Nueva Aventura

Antes de contarte como sali, creo que debemos empezar un poco por la raiz, COMO ENTRE.

Mientras estudiaba la depresion no veia a nadie que hablaba o contaba su proceso en como entro en depresion, pues en esta simple pregunta, radica un gran tesoro. **LA FORMULA DE LA DEPRESION** y en como sali radica otro tesoro aun muchisimo mas grande **LA FORMULA DE LA FELICIDAD**

A principios del año 2021 estaba en Bariloche, Argentina y me consideraba la persona mas feliz que conozco, a finales del 2021 estaba en Edimburgo, Escocia y tenia depresion.

Ahora, como es posible que una persona en cuestion de meses pase de la felicidad total, de la salud, de la armonia, a la depresion, a la enfermedad constante, al aumento de peso, a la inseguridad, deudas financieras y falta de autoestima en cuestión de meses.

Bien, permitanme contarle la historia con un poco mas de detalle y paralelamente iremos construyendo la formula.

En Marzo del 2021, estaba en Bariloche, Argentina viviendo en una casa frente al lago con el amor de mi vida, trabajando en un proyecto que me encantaba, con un equipo que me motivaba muchisimo y encima me estaban pagando muy bien para lograr mantener el estilo de vida que en ese momento creia necesario para ser feliz

Miren, les muestro un pantallazo de imagenes de lo que era mi vida en aquel momento

Hogar: Esta es la vista de la casa en la que viviamos. Veiamos el atardecer caer sobre las

montañas mientras tomabamos mate con amigos y agradeciamos cosas lindas que habian pasado durante el dia

Alianza. Habiamos hecho un pacto sobre el lago Nahuel Huapi con mi compañera en el que el objetivo iba ser crecer espiritual y financieramente. Esta foto nos la saco un amigo dias despues del pacto para un comercial de chocolates

Salud. Actividades fisicas que me mantenian cerca de la Naturaleza y me alimentaba con comidas naturales, ricas en energia solar

Comunidad, Servicio, Finanzas y Recursos. Estaba dando mis servicios como CEO de un startup en Londres, haciendo coaching y guiando en su crecimiento espiritual a buenos amigos. Estaba muy satisfecho con mis ingresos ya que me permitian tener un estilo de vida que me permitia cumplir todos los sueños que a mi niño interno lo mantenian alegre, entusiasmado y feliz

Evolucion: Estaba leyendo libros que sentia fuertemente que estaban aportando a mi proceso evolutivo y me ayudaban a recordar mi proposito en el Planeta Tierra

Un dia llega un llamado de los inversores de Horus Market que practicamente me ofrecian para invertir en la compañia y me pedian de ir a Londres para que presente las actualizaciones con los avances de Horus Market, propuse hacer reuniones virtuales para mostrar dichos avances, pero la propuesta fue rechazada. Obviamente se imaginan el costo financiero, fisico y mental que representaba tener que cruzar el oceano atlantico para ir de Bariloche a Londres en medio de una Pandemia.

Recien habia conocido a mi alianza hacia menos un mes, y me sente con ella a charlar que orginalmente vivia en Londres y que por cuestiones de trabajo tenia que irme otra vez para alla y le propuse la lunatica idea de irnos juntos

Sinceramente pense que esto duraria unas semanas pero por sincronicidades y eventos extraordinarios de la experiencia humana que cuento en mi audiolibro "Como el Amor me Cambio la Vida", ella decide dejar toda su vida en Buenos Aires y hacemos una Alianza en el Nahuel Huapi en el que decidimos acompañarnos a Londres con la mision de crecer espiritual y financieramente. Aun recuerdo cuando frente de este lago le decia a una chica que conocia hace menos de 2 semanas,

-*"yo me la juego por vos",*

y ella me miro a los ojos con mucho amor y seguridad y dijo,

-*"yo tambien me la juego por vos, vayamos a Londres"*

Luana es una guerrera de luz, una mujer sin miedo a la intuición, con conviccion y mucha ganas de vivir la vida y la experiencia humana. Con ganas de viajar. El amor que hoy experimento por esta mujer es de otro planeta.

Como la conozco a ella, lo cuento en mas detalle en "Como el Amor me Cambio la Vida". Lo importante ahora es que sepan que ella decidio acompañarme y el 12 de abril de 2021, nos tomamos un avion de Bariloche a Buenos Aires, con el objetivo de tomar un avion de Buenos Aires a Madrid el 21 de abril, y otro vuelo de Madrid a Estambul, Turquia y luego otro vuelo de Estambul a Hurghada, Egipto y de ahi de Egipto a Londres.

Porque tantos vuelos?

Recuerden estamos en una Pandemia Mundial y los gobiernos habian decidido que Argentina estaba en la lista roja para Reino Unido, entonces la unica manera de llegar era haciendo escala de 14 dias en Egipto y luego ir para Londres

Es 21 de Abril, estamos con mi alianza Luana haciendo la fila para embarcar en el avión, cuando una mujer nos pregunta si estamos casados

Le dije que no, y ella nos dice entonces no puede viajar porque el Reino de España no permite entrar Argentinos, y Luana solo tenia pasaporte argentino, le explique que nuestro destino final era Reino Unido y que España era solo una escala de unas horas

La mujer me contesto que para el Reino de España eso era entrar al pais de todas maneras y que Luana no podria ingresar al avion. Ella me miro a los ojos y me dijo "subite al avion"

Claro, ya habiamos pagado todos los pasajes de España, Turquia, Egipto, Londres y hasta los hoteles de estos paises.

Lo mas logico financieramente era subirme al avion y ver como arreglabamos luego, pero como muy claro enseño en "Como el Amor me Cambio la Vida" **El amor trasciende la lógica, y trascender la logica significa que sus acciones no siempre esten justificadas por sistemas de creencias**

Dejame hacerte una pregunta,

Como sabes que amas a tu mama? Como sabes que amas a tu papa? Como sabes que amas al perro o gato que te acompañan?

Lo sentis… El amor incondicional no tiene un porque, y si tiene un porque, entonces es condicional, "lo amo porque es lindo" "lo amor porque hace buenos chistes", "lo amo porque trata bien a los niños". Esas son condiciones que cuando deje de ser lindo, o deje de hacer buenos chistes serian razones suficientes para dejar de amarlo

Ahora bien, Que harian ustedes en mi lugar si dentro de ustedes se encuentran alrededor de 100 voces que dicen

"Subite al avion despues resolves lo de Luana"
"Subite al avion que te espera dinero para la inversion del proyecto que soñas"
Subite al avion que vas a perder la plata de los viajes y hoteles
"Subite al avion que ella te lo dijo"
"Subite al avion que la recepcionista te lo dije"
"Y les juro que podria seguir porque se me aparecieron muchas mas"

Pero al dar un profundo suspiro y sentir la presencia de mi cuerpo UNA SOLA voz dice "Quedate, es amor"

Que eligen? Las 100 voces o la unica voz?

Para responder esta pregunta hay que remontarnos una semanas antes de este vuelo cuando estabamos en Bariloche, una tarde sentados en el lago le dije que en la vida de todo humano toda desicion la pueden componer dos simples frecuencias, una es amor y otra es miedo.

Y cuando ella me pregunto, como sabes cual es cual?

Yo sin pensar la respuesta le dije, porque del amor jamas te arrepentis.

Y con los ojos casi de lagrimas me encontraba 2 semanas despues recordando eso que le dije a mi alianza, y como si estuviese siendo parte de una especie de prueba de coraje a ver si tenia la valentia de perder todo el dinero que habia invetido en nuestro viaje, de perder la posibilidad de inversion, de perder el sueño de Horus Market SOLO PORQUE UNA VOZ DECIA

"Quedate, es amor"

"Me quedo" Le digo sintiendo un pequeño llanto de amor que desvanecian las 100 voces que habia elegido ignorar

Y hoy entiendo cada vez mas como el universo funciona de misteriosas maneras. Porque si no me hubiese quedado no existiria "Como el amor me cambio la Vida" ni tampoco existiria este libro y este libro es amor.

Ella me miro con muchisima fe a los ojos y me dijo

"Vamos a llegar a Londres"

Habiamos perdido todo. Los tickets de avion, los hoteles, la posibilidad de inversion. No veiamos ninguna posibilidad de poder llegar a Londres ya que Luana tenia pasaporte argentino.

Sin embargo, luego que me recompuse de la desicion que habia tomado, me acerque al recepcionista y le pregunte la pregunta correcta

Como es posible que ella viaje conmigo a Londres?

El recepcionista dijo *"-Tienen que estar casados, pero un turno de casamiento puede tardar meses-"*

Entonces le pregunte una pregunta mas precisa

-*"Hay una manera mas rapida que no sea casarse?"*

Bien ahora quiero aclarar algo, porque esta pregunta cambiaria la historia

A lo largo de mi vida fui abriendo diferentes tipo de portales gracias a la canalizacion de preguntas correctas, aquellos que esten leyendo este libro, jamas subestimen el poder que tiene una pregunta, una pregunta es una llave, puede abrir puertas en cuestion de segundos, la calidad de sus preguntas le daran forma a su vida, y todo lo que obtuvieron fue porque antes hicieron una pregunta, ya sea interna o externa, **toda transfomacion de la realidad esta relacionado a una pregunta**. Porque una vez que hiciste la pregunta, la respuesta esta dentro tuyo

Recuerden, enfoquense a hacer mejores preguntas, en lugar de buscar preguntas, porque una vez que tienen la pregunta, la respuesta ya existia incluso antes de la pregunta.

Yo podria haberme quejado o empezar a tardar meses con el proceso de casamiento sin embargo, algo en mi, me decia que habia mas posibilidades, y esta habilidad me hizo pegar grandes saltos a la hora de cumplir mis objetivos. **El Arte de las Preguntas**

El recepcionista se quedo pensativo, como si la pregunta hubiese generado espacio dentro de el, como si la pregunta le presentara un desafio, porque en el fondo toda pregunta busca ser respondida Y como si la idea acabara de bajar de otra dimension dijo

"Ah si, pueden hacer un acta de concubinato"

-Que es- Dije

Es un certificado de convivencia, una constancia de que viven juntos

SENTIA QUE ESA ERA LA RESPUESTA QUE BUSCABA, ese papel lo podia hacer cualquier tipo de escribano

Nos fuimos del aeropuerto llamamos un escribano y nos dijo que en un mes la tenia lista.

Gracias al escribano Juan que nos ayudo, ya que deberiamos haber vivido por dos años juntos para poder hacer esta acta, pero nuestra historia lo inspiro a ayudarnos y poder lograr el acta de todas maneras, una vez mas, el amor trasciende la logica.

Estuvimos un mes en Buenos Aires, sacamos los pasajes de nuevo, pero ahora el viaje era el siguiente
De Buenos Aires, Argentina hacia Madrid, España
De Madrid, España hacia Ginebra, Suiza
De Ginebra, Suiza hacia Hurghada Egipto
De Hurghada, Egipto hacia Luxor, Egipto
De Luxor, Egipto hacia Praga, Republica Checa
De Praga, Republica Checa a Londres, Reino Unido

Estamos hablando de alrededor de 5 aviones en medio de una pandemia en menos de 15 dias

Armamos nuestras maletas y el 23 de Mayo de 2021, partimos al Viejo Continente

Viajando por el Mundo

Hasta ahora parece increible, que en menos de 1 mes entraria en depresion, ya que estaba cumpliendo mi sueño, estaba viajando con el amor de mi vida por todo el mundo conociendo lugares exoticos que siempre soñe, entrando en contacto con culturas que pensaban muy diferente a lo que acostumbraba, aprendiendo los nuevos mundos

Sin embargo, esto no quitaba que habia una pandemia mundial de la que no se podia escapar, y estes o no de acuerdo a las reglas del juego que los gobiernos dictaban, estabamos forzados a jugar al juego que ellos impusieron con sus campañas del terror.

Cuando llegamos a España, me senti muy triste, la gente tenia mucho miedo, los policias nos trataron mal por no usar la mascara, la gente estaba agresiva, no se querian acercar a vos, te miraban mal si no utilizabas la mascara en la calle, y te forzaban a hacer cosas solo porque el gobierno lo decia. Lamentablemente en este caso, el amor no trascendio la logica

Su logica por seguir las reglas era mas fuerte que su amor incondicional. Porque tenian miedo y el miedo despierta los egos y los vuelve facil de controlar.

Los dominaron a todos con el miedo subconsciente mas profundo del ego. La Muerte.

El amor incondicional no tiene condiciones, y las condiciones que decian era que teniamos que tener barbijo, que teniamos que estar separados, que teniamos que estar solos dentro de nuestras casas, que no teniamos que compartir y que tenian que inyectarse algo en el cuerpo

Con una mano en corazon seres que llegaron a este libro

Esto es amor incondicional?

Esto hizo que la poblacion vibre terror, miedo, paranoia, obsesion, depresion, violencia

La energia que utilizaron los gobiernos no fue de amor, fue de odio

Faltaron el respeto a los cuerpos de todos los humanos que querian respirar, que querian abrazar a su familia, que querian compartir una sonrisa, que querian salir a jugar, que querian vivir

Que querian vivir.

Que querian vivir la experiencia humana.

Y asi fue que viajamos por los diferentes paises, viendo como los gobiernos sometieron a su poblacion con las diferentes reglas.

Y asi fue que pasamos de salir de un cuento de hadas en Bariloche a vivir en el cuerpo el sufrimiento que el mundo vivia.

Llegar a España me afecto muchisimo, porque habian miles de voces por las cuales seguir los reglamentos que los gobiernos imponen

Pero dentro del corazon mio y el de mi alianza, unas pocas voces internas nos decian

Cuiden su cuerpo, es amor
Respiren, es amor
No escuchen las voces del odio, es amor
Sonrian, es amor

Y mas alla que con mi alianza, siempre nos cuidabamos para que estas voces no nos afecten, por el maltrato de la gente y el stress y ansiedad que habitaba en la ciudad. En mi se empezo a debilitar mi campo electromagnetico y empece a tener muchismas inseguridades financieras con lo que estaba ocurriendo

Channeling
Si todo el entorno vibra dentro de la frecuencia de inseguridad, por ley de resonancia, esa inseguridad va tomar forma dentro tuyo a lo que si tengas inseguridad, mas alla de que la pandemia no te genere inseguridad.

Me explico?

Por ejemplo, si toda tu ciudad esta vibrando miedo porque le tiene terror a los conejitos blancos de ojos azules, mas alla que vos no le tengas miedo a los conejitos blancos de ojos azules, la frecuencia del miedo es tan fuerte, ya que toda la poblacion lo siente, va tomar forma dentro de tu psiquis a algo que SI LE TENGAS MIEDO VOS.

Entonces si la poblacion empieza a vibrar miedo, a vos esto afecta tu campo electromagnetico

¿Recuerdas la imagen del principio?, ya que ese miedo, tomara la forma de lo que tu mente racional pueda justificar.

Entonces el miedo de la poblacion de los conejitos blancos de ojos azules aumentan tu inseguridad con el dinero.

Y eso fue lo que me paso a mi, la poblacion vibraba muchisimo miedo, y eso aumento mi inseguridad al dinero.

Empece a tener unas pequeñas discusiones con Lu, con respecto al dinero, ya que comenzamos a tener muchisimos gastos inesperados, como PCRs, tickets de avion que se cancelaron por la pandemia, comprar todos los tickets de avion y hotel otra vez y Egipto no queria reconocer nuestra acta de concubinato porque estaba en español, etc

Esto comenzaria a dañar la energia escencial de ambos, muy pero muy lentamente ya que paralelamente a esto estaban pasando cosas hermosisimas

Pero despues de muchisimo stress y ansiedad, logramos llegar a Londres

Al cruzar migracion de Londres, espere a Luana en la puerta del aeropuerto de Stansted hasta que termine su entrevista con el oficial

Al verla cruzar, mi chakra corazon estallo de alegria, sabia que era posible, solo habia que sentir amor

Y cuando vino corriendo abrazarme le dije con un susurro en el oido

"Viste, gano el amor"

Londres: El Ritual

Estamos en Londres, cumplimos nuestra mision.

Pero en la primer semana nos ocurririan las siguientes cosas

Los scooters se volverian ilegales, y mi alianza no le permitía trabajar con los deliveries como teniamos planeado

Los inversores invirtieron su dinero en otro proyecto porque tardamos mucho

Horus Market no tenia suficientes recursos para prosperar, y hasta nosotros mismos nos encontrabamos en dificultades para poder pagar un hogar si Luana no podia trabajar.

Estas noticias cada vez debilitaban mas nuestra energia creativa, nuestra intuicion, pero nuestro amor y union permanecian fuertes.

Le dije a Luana que me permita un dia solo para meditar y tratar de canalizar como seguir, ya que todo lo que teniamos planeado se habia destruido en 1 semana

Mientras escribo estas lineas aun recuerdo la desesperacion que sentia en el cuerpo, el miedo, la responsabilidad de haber traido a Luana conmigo para que todo se desvanezca en segundos, la frustracion, las voces del amor se escuchaban cada vez mas lejanas.

Me fui a Richmond Park e hice un ritual con hongos psilocibe

Los hongos psilocibe es una medicina ancestral utilizada por los celtas, incas, mayas, aztecas y otras civilizaciones con caminos iniciaticos alrededor del mundo. Los hongos aumentan tu actividad cerebral a un estado similar que te encuentras en la fase REM, en esta fase tu cerebro con una combinacion de tus pensamientos y sentimientos crea un mundo tridimensional en el que a vos te pone como observador de este mundo, en el mundo occidental llamamos este mundo, **los sueños**

Los sueños son una representacion de tu mundo interno y tambien son una herramienta para comunicarte con seres de otras dimensiones.

Al utilizar los hongos psilocibe con diferentes tecnicas de meditacion, se genera neuroplasticidad, que es la habilidad del cerebro de crear nuevos caminos neuronales en la mente humana para poder ver mas posibilidades en el campo cuantico, en otras palabras, para poder transformar la realidad.

En este ritual, se me mostro todo el daño que la pandemia estaba haciendo psiquicamente a la poblacion

Les dejo un resumen de lo que fue un ritual que duraria alrededor de 5 a 8 horas

Channeling
"Reposo Mental" Asi como cuando el cuerpo esta herido necesita reposo, lo mismo para la mente, despues de haber pasado tanto stress y ansiedad pude encontrar ciertas heridas de la mente y me pedia reposo

"En sus acciones seran juzgados", que si queres saber quien realmente es alguien que ni lo escuches, por que la gente habla mucho, observa sus acciones, observa sus creaciones, sus proyectos, las personas que ayudo, porque son las acciones lo que hacen a la persona, lo que dice podria llegar a ser blabla,… es parecido a lo que Jesus dijo "Por sus frutos los reconoceras"

"El Poder de la Naturaleza" Pude sentir el poder sanador de la naturaleza cuando se relaciona a limpiar la psiquis, como ver espacios verdes en lugar de cemento y advertising influencia mucho en la purificacion ya que no tenes identidad con el entorno, al ver la naturaleza te conecta con lo divino, al ver el cemento de la ciudad y el advertising te da identidades pasadas subconscientes

"Recuperar memorias en Escocia" En el audiolibro "Como el Amor me Cambio la Vida" cuento que en un Ritual me llegaba que Luana y yo teniamos que ir a Egipto y Escocia a recuperar memorias de nuestros ancestros, a canalizar informacion especifica para nuestro despertar y requeria que nuestros cuerpos viajen a esos lugares, que es un poco la razon por la cual la gente viaja por el mundo, **las almas te piden ir a esos lugares para hacer sus descargas de informacion**,

Bien este channeling decia que teniamos que ir a Escocia a descargar las memorias de una vida celta.

Luego de este Ritual, le propuse a Luana de ir a vivir a Edinburgo, esto fue un miercoles, el jueves compramos los boletos de tren, el tren que conecta en 4hs 44min Londres de Edimburgo, el tren que se tomo J. K. Rowling cuando tuvo la idea de Harry Potter, el tren que nos llevaria a nuestra mision espiritual. El sabado arrivamos Edinburgo

Edinburgo: Mision Espiritual

Estamos en Edinburgo con el objetivo de canalizar las memorias de una vida celta en la que viviamos juntos. Pero antes de hacer esto suponiamos que teniamos que encontrar casa para vivir, ya que habiamos ido a Escocia con un acuerdo de vivir 2 semanas en una habitacion. Teniamos 2 semanas para encontrar casa.

Pusimos en un grupo de facebook de Argentinos en Escocia que necesitabamos ayuda y nos escribieron Mark y Erika diciendo que podian prestarnos su departamento ya que ellos se iban 4 meses de viaje a Peru

Por el precio que conseguiamos una habitacion en Londres, en Edimburgo conseguiamos un departamento con dos habitaciones para nosotros. Parecia un buen trato. Lo Aceptamos

El 26 de julio de 2021, viviamos oficialmente en Edinburgo, Escocia

Lo que no sabiamos es que la casa ocultaba un secreto. RATAS

RATAS

RATAS

La casa era un council building, estos son edificios de muy bajo presupuesto creados por el gobierno donde alojan a la gente que es pobre financieramente, esta enferma, ha estado en prision o cualquier otra condicion que no le permita pagar o tener su propia casa.

Estabamos viviendo en un lugar horrible, pero nuestra desesperacion por querer conseguir casa y nuestro miedo no nos dejo ver el presente.

**Channeling
Cuando la mente esta desesperada el ego reprime detalles de la realidad y esto logra**

una distorsion del presente

La situacion de las ratas tenia realmente estresada y preocupada a Luana, a la noche cuando ibas al baño era muy probable que te las encuentres, yo dentro de todo podia con esto, pero Luana sufria, y si Luana sufria, su campo tambien me afectaba

Horus Market habian reunciado dos de los co-founders y el unico que quedaba tuvo una factura en el pie y comenzo a entrar en una depresion.

Mi energia escencial se iba reduciendo cada vez mas y mas por semana, ya dejaba de sentir mi presencia, incluso Luana me dijo, "Ya no te reconozco", en una fogata en Stirling

Mis pocos momentos de paz eran cuando iba a meditar a la naturaleza con mi scooter electrico, pero se acabaron una tarde cuando mis vecinos me robaron el scooter.

A causa de la frustracion que me genero este robo que experimente, comence a ponerme muy agresivo, estaba enojado con la vida, no queria levantarme de la cama, no queria comer, no queria trabajar. Tenia miedo de cruzarme con mis vecinos porque siempre se juntaban en el pasillo del edificio a tomar cocaina e inyectarse cosas que al dia de hoy no se que son pero los dejaban muy agresivos y insultaban a los vecinos que pasaban cerca de el. No queria ni siquiera salir de mi casa porque siempre estaba la posibilidad de encontrarme con estos chicos ya que se juntaban a 10 metros de la puerta de mi casa y esto podia significar un acto de violencia que no queria vivir.

Esto afecto muchisimo a mi alianza, y ella comenzo a tener atracones, comenzo a lastimar su cuerpo

Yo no podia creer todo lo que nos estaba pasando. Mi vida se habia convertido en un infierno. Pensaba que mii compañera estaba sufriendo por culpa de mis channelings, por nuestra falta de recursos, me sentia culpable, deje de hablar con mi familia por telefeno, deje de usar las redes sociales, deje de comunicarme con personas, deje de cargar el telefono, deje de comer, deje de ir a la naturaleza, deje de caminar, deje de ser agradecido, deje de hacer chistes, deje de sonreir, deje de salir a la calle porque nisiquiera tenia amigos ni familiares con quien juntarme, deje incluso de meditar y sacar fotos que era lo que mas feliz me hacia.

Ya no sentia amor, Ya no queria vivir porque pensaba que esto iba durar para siempre.

El 18 de septiembre de 2021, haciendo unos estudios, me doy cuenta que estoy deprimido.

Nuevo Panorama

Miren, les muestro un pantallazo de imagenes de lo que era mi vida en aquel momento

Hogar. Viviamos en un Council Building, un edificio del gobierno donde meten a la gente que no tiene trabajo, esta deprimida, estuvo en prision o se intento suicidar. El edificio era muy gris y olia terrible. Mis vecinos me robaron el scooter

Alianza. La relacion con Lu estaba llena de discusiones que antes no existian, es como si nos hubiesemos olvidado de nuestro objetivo y Luana se enfermaba regularmente y le estaban agarrando atracones con la comida. No nos lograbamos poner de acuerdo en donde proyectar nuestra energia

Salud: Como tenia miedo de salir de mi casa y tampoco queria porque me habian robado mi scooter comence a tener una vida sedentaria sin salir de mi casa, comiendo comidas procesadas muy toxicas para mi cuerpo y estaba fumando demasiada mariguana, lo que hacia que los pensamientos se estimulen, y mas de una vez me encuentre ahogado en mi depresion. Deje de ir a la Naturaleza

Comunidad: Como no salia de mi casa no existia la posibilidad de hacer amigos, y como era nuevo en la ciudad tampoco existia la posibilidad de juntarme con familiares ni amigos, ya que los familiares mas cercanos estaban cruzando el atlantico. Luego de la depresion comence a dejar de cargar el telefono, asi que tampoco hablaba con nadie.

Servicio: Horus Market se estaba quedando sin recursos, 2 personas habian renunciado y sentia muchisimo stress y ansiedad al no saber como seguir para pagarle el salario al otro co-founder, ya que el otro co founder del startup tambien estaba entrando en una depresion debido a una fractura en el pie.

Finanzas y Recursos: Mi recurso mas divertido que era el scooter me lo habian robado, y las finanzas estaban fatal, no teniamos a veces para comer ya que la renta representaba el 80% de nuestros ingresos. No podiamos salir ni a tomar un cafe porque podria significar no poder pagar la renta, a veces incluso tuvimos que colarnos en trenes para poder seguir teniendo las reuniones con los inversores y que no nos saquen el ingreso. Pagar el tren representaba un 20% de nuestros ingresos, que ese 20% estaba destinado a alimentarnos. Era literalmente elegir si comiamos o pagabamos el tren. Mas de una vez tuvimos que pedir por comida porque con lo que alcanzaba en nuestro presupuesto, solo comiamos una vez al dia.

Evolucion: Los habitos que me hacian sentir feliz y consciente, lo habia dejado de hacer, habia dejado de leer, habia dejado de meditar, habia dejado de ir a la naturaleza, habia dejado de reirme, habia dejado de cantar o tocar la guitarra, habia dejado de sacar fotos, habia dejado de hacer mis ceremonias con hongos psilocibe. NO HABIA EVOLUCION EN MI SER.

Todo parecia perdido... El sufrimiento psiquico que experimentamos parecia eterno.

Capitulo 3: Como Salir de la Depresion

Aquellos que caminaron almenos una vez el sendero de la depresion, saben que es un camino con mucha neblina, saben que dejan de sentir, saben que aunque alguien te diga, "hace esto" te va hacer bien, mas alla que digas "sisi" no le crees, porque si le creerías, lo harias.

Digamos que al enterarme que estaba en una depresion, una presencia comenzo a habitar en mi cuerpo. Me senti mas conciente, conciencia significa que podes captar mas informacion del entorno con tus 6 sentidos, me tome un tren y me fui a la Reserva Natural de Stirling para ver si podia canalizar alguna informacion.

Vi una imagen, pero esa imagen era suficiente para cambiarlo todo, le avise a Luana, mi alianza, que queria hablar con ella en persona de algo urgente.

Recuerdo llegar a al departamento, agarrar una pizarra gigante blanca que teniamos de Horus Market y empezar a anotar con fibron negro en silencio:

- Meditacion
- Arte
- Hongos
- Leer
- Familia
- Amigos
- Naturaleza
- Viajes
- Risas

Termine de escribir y le pregunte, "Que es esto?"

Ella respondio con mucha ternura e inocencia "Cosas que nos hacen bien"

Y como si ya supiera la respuesta le pregunte "Cual de esas cosas hacemos hoy en nuestra vida?"

Notaba como ella comenzaba a ser mas consciente junto conmigo de la epifania que habia recibido en los profundos bosques de las tierras de Stirling.

Sorprendida me dijo "Ninguna, no estamos haciendo ninguna"

Entonces le dije, "Entonces si esto es lo que nos hace bien, porque no lo estamos haciendo?"

Paso 1: Aceptar la Herida, Aceptar la Depresion

El paso uno es aceptar la herida psiquica, es aceptar la depresion, no resistirse, no intentar cambiarlo desde la misma depresion, desde el mismo enojo, desde la misma frustracion, desde la misma culpa.

El primer paso es rendirse, rendirse es aceptar lo que estas experimentando, rendirse es soltar la resistencia de que algo no es placentero en tu vida, es soltar el pensamiento compulsivo de la culpa, rendirse es aceptar.

Rendirse no significa estancarse y no hacer nada por cambiarlo, rendirse significa acepto que este es mi presente y voy a hacer lo posible para cambiarlo.

Puede que al soltar la resistencia, comiences a sentir un llanto, o incluso ganas de lagrimear, esta bien, suelta esa energia estancada atraves del llanto, liberate. Llora traera Conciencia.

Una vez que nos dimos cuenta con mi Alianza que no estabamos haciendo las cosas que nos hacian bien y feliz, aceptamos que estabamos deprimidos. Y creanme que se sintio muy liberador

Es aceptar que una parte tuya no tiene ganas de comer, moverse, hablar, practicamente nada porque tiene en su campo electromagnetico energia estancada.

Aceptenlo, y vayan al espejo y mirense con amor y diganle a su cuerpo y mente, yo te voy ayudar. **Yo estoy contigo, le hara bien al cuerpo sentir la vibracion de una Conciencia que esta presente.**

Paso 2: Reconocimiento

Una vez que aceptamos digamos que el panorama es mas claro, porque sabes que hay que aumentar la conciencia hasta que los quimicos que se producen en el cuerpo por la depresion se limpien en el cuerpo y la psiquis.

Entonces para limpiar los quimicos y energias que estan alimentando la depresion, primero es necesario aumentar nuestra conciencia para hacer un reconocimiento de los pensamientos, habitos, acciones, palabras que podrian estar alimentando la depresion de forma quimica y psiquica.

IMPORTANTE: Hace una lista de pensamientos, habitos, personas, lugares, ropa, musica, comida o cualquier otro estimulo que podria estar alimentando la energia de la depresion.

Como reconocer la energia de la depresion?
Simple, porque cuando lo pensas o accionas te hacen sentir deprimido

Pensamientos como
"Esto va ser para siempre"
"Asi soy yo ahora"
"Esto es culpa de lo que me paso hace X cantidad de años o es Culpa de X persona"
"Me voy a quitar la vida"
"No sirvo para Nada"
"Nada de lo que vivo es Autentico"
"Nadie me ama o me respeta"
"La culpa es mia"
"La culpa es de el o ella"
"Nunca hare algo digno o provechoso con mi vida"
"No tiene sentido levantarse de la cama"

Es momento de reemplazar esos pensamientos con un sentimiento de amor propio por

"Esto es temporal, estoy sanando"
"Esta no es mi escencia, Mis escencia es Salud"
"Me hago responsable de la sanacion de mi cuerpo y de mi psiquis"
"Voy a vivir porque amo a mi cuerpo"
"Mi servicio ahora es sanar"
"Amo, Respeto y Acepto a mi Cuerpo y Mente"
"Estoy descubriendo cual es mi proposito"
"Tiene sentido levantarse para sanar"

Paso 3: Ordena tu Mente

Asi fue que comenzamos a reconocer que la principal causa de nuestra depresion radicaba en lo mas oculto de nuestro subconsciente. Los Pensamientos que tenemos afectan nuestro humor, y asi que si queriamos salir de la depresion, teniamos que cambiar la raiz, ya que a partir de los pensamientos, tomamos desiciones, a partir de las desiciones tomamos accion, a partir de la accion creamos habitos, y apartir de las acciones y habitos creamos las experiencias que son las responsables de los sentimientos y a su vez los sentimientos son tambien responsables de condicionar la calidad de nuestros pensamientos.

Como veras no son los mismos pensamientos cuando estas feliz, que cuando estas deprimido, tu cerebro sintoniza otra frecuencia.

PENSAMIENTOS - DESICIONES - ACCIONES - HABITOS - EXPERIENCIAS - SENTIMIENTOS

Asi comenzamos a reemplazar todos los pensamientos que nos hacian daño por pensamientos que nos hacian bien.

Lo posible que puede ocurrir es que, no sientas verdadero el cambio de pensamiento, esto es porque tus sentimientos condicionan la frecuencia tu pensamientos

Recuerda siempre este grafico:

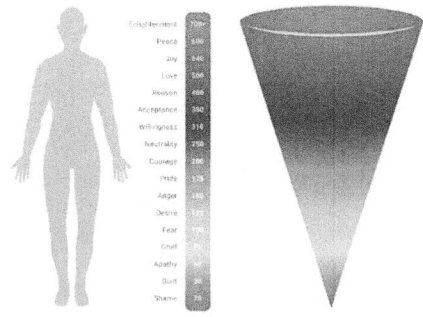

Entonces si estas dentro de la frecuencia de la culpa, miedo, rencor, los pensamientos van a estar ajustados a esa frecuencia.

Entonces lo que empezamos a hacer, es usar afirmaciones, pegamos carteles por toda la casa con afirmaciones positivas y las repetiamos diariamente hasta que de a poco comenzabamos a sentir los primeros cambios en nuestra psiquis. Una de las primeras afirmaciones fue

"Nuestros pensamientos afectan y crean nuestra Realidad"

Ahora que lo pienso es mas un recordatorio que una afirmacion, pero nos sirvio para aumentar la conciencia en los pensamientos. En la imagen puede verse detras de mi la pared con afirmaciones.

Otra afirmacion era

"Imagina ahora"

Que cuando la veiamos teniamos que imaginar algo lindo que queriamos

Paso 4: Ordena y Sana tu Entorno

Luego de ordenar nuestra mente y al menos reconocer que nos hace bien y mal

Es importantisimo que ordenes el espacio donde vivis, sea este un cuarto, una casa, un departamento, ordena los cajones, ORDENA Y LIMPIA TODO, porque la suciedad y el desordenes estimulan y alimentan la depresion.

Ordenar
- Ordenar y Limpiar Cajones
- No tener cosas en las esquinas o tiradas en el suelo
- Ropa bien doblada
- Reciclar papeles que ya no sirvan
- Reciclar o Donar Ropa que te haga recordar algun evento feo.

Nuestro departamento tenia ratas, estaba sucio y desordenado

Asi que nos pusimos a ordenar, limpiar y sacar las ratas.

Pusimos un atrapa rata y atrapamos 3 ratas, ninguna fue sacrificada, todas fueron entregadas a las alcantarillas.

Las ratas eran un terror para mi alianza, y les producia mucho ansiedad y stress que a mi me afectaban, entonces propuse mudarnos.

Sanar Espacio y Personas
Otra cosa que habia notado, es que cuando salia de la casa me encontraba bien por momentos y decia *"uy esta depresion no es tan grave"* o *"no estoy tan mal" "yo puedo con esto"*

Pero ni bien llegaba a la casa o me veia con mi alianza la depresion comenzaba a sentirse muchisimo mas intensa.

Esto se debe porque tienen que sanar los espacios y personas que estan asociadas con la depresion.

Cada vez que ustedes comienzan a sentir la depresion su cerebro saca un *"screenshot"* de todos los estimulos que le rodean atraves de los 6 sentidos y eso hace que la proxima vez que te encuentres dentro de esos estimulos tu cerebro se acuerda del screenshot y vuelve a segregar los quimicos de la depresion.

Entonces mi depresion estaba muy asociada con mi casa y con mi alianza, cada vez que entraba en contacto con estos dos, que por lo general venian juntos, sentia una fuerza de mi subconsciente queriendome volver a tirar hacia la depresion

Reconozcan ustedes con conciencia cuales son los estimulos que refuerzan la depresion para poder sanarlos

Sanar, no significa, erradicarlo de nuestra vida, no significa cortarle a tu amigos, o mudarte, o pelearse con personas

Sanar significa empezar a hacer conscientemente actividades que aumenten la energia.

Lo que hicimos nosotros fue comenzar a pintar y dibujar dentro de la casa, asi podiamos hacer neuroplasticidad, que es la habilidad de tu mente de generar nuevos circuitos en tu mente, nuevos caminos que generan nuevos estimulos, nuevos sentimientos y nuevos pensamientos, y sanan los anterior de la depresion.

Te dejo algunas ideas que podrian ayudarte en tu proceso de sanar espacios y personas
- Pinta las paredes de la casa
- Cantar dentro de tu casa
- Baila en la casa
- Dibujo o Pinta en al casa

- Escribi lo que sentis y pensas y luego hacerlo bollo y tiralo a la basura
- Cocina comidas nuevas
- Medita dentro de la casa
- Hacer ejercicio dentro de la casa
- Reite adentro de la casa
- Invita nuevos amigos
- Imaginar tus sueños

Y para sanar personas
- Hagan actividades nuevas en las que ambos se sientan bien y se diviertan
- Vayan a la naturaleza juntos
- Canten juntos
- Bailen juntos
- Dibujen juntos
- Compartan sus miedos
- Vayan al bowling, ver un deporte
- Vayan a hacer tai chi juntos o ceramica o alguna actividad
- Jueguen juegos de mesas como el truco, domino, estanciero etc
- **Imaginen que los sueños se cumplen**

Van comprendiendo como funciona? Lo importante es que sea nuevo para tu mente y para tu cuerpo, asi puede hacer neuroplasticidad y generar nuevos circuitos dentro de las neuronas de tu cerebro, que a su vez genera nuevas sinapsis entre las neuronas y al generar nuevas sinapsis habra nuevos pensamientos y sentimientos que te juro, TE JURO CON UNA MANO EN EL CORAZON MIENTRAS ESCRIBO ESTAS PALABRAS, TE SACARAN DE LA DEPRESION.

De a poco se ira sanando, paciencia, lo lograras, y un dia sera una historia mas para contar en tu vida, una historia mas para contarle a tus hijos, una historia mas para contar en tu experiencia en el Planeta Tierra. Estuve ahi, y sali hasta para contarte que eso que sentis no es para siempre, va cambiar, y ahora escribo este libro como prueba de que mereces ser feliz. Hace cosas nuevas, aunque al principio no le encuentres sentido, confia en el proceso, que la mejor manera de cruzar un campo minado, es atraves de los pasos de otros, y este campo minado en el que estas, yo ya lo pase.

Paso 5: Actividad Fisica

Bien cuando uno se encuentra en la depresion, estanca muchisima energia en lo mental, y esta hace que la energia de la depresion se multiplica cada vez mas.

Eso me dio la idea de comenzar boxeo, y empece a ir a boxeo una vez por semana aunque les juro que la energia de la depresion me forzaba a quedarme en la casa, lo hice de todas maneras porque sabia que eso aumentaria la conciencia.

La actividad fisica te ayuda a que la energia se distribuya a lo largo de todo tu cuerpo y se distribuya entre tus chakras. Tambien el transpirar y el movimiento acelera la produccion de dopamina, que son las moleculas relacionadas con la felicidad, relajacion y placer.

Paso 6: Habitos: Hacer cosas que te hagan Bien

Una vez que tu cuerpo empieza a soltar dopamina, aumenta la frecuencia a las que transmiten tus emociones.

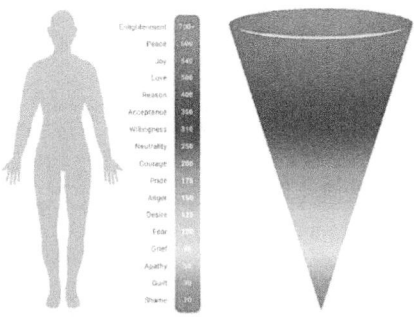

Entonces justo despues de hacer ejercicio, aprovechaba la dopamina producida por mi cerebro y me iba un rato a solas a meditar conmigo mismo y canalizaba que otras acciones podia hacer.

Me ponia este video de youtube
▶ IMAGINATION - Best Motivational Video Speeches Compilation - Listen Every Day! M…

Y comenzaba a imaginar que era feliz como un niño, imaginaba que sonreia, imaginaba que estaba en la naturaleza, me imaginaba abundante, me imaginaba feliz y armonioso con mi alianza, me imaginaba viviendo cerca de un lago, y muchas veces me ocurria que lloraba.

Lloraba porque sentia la energia de la depresion que no me dejaba imaginar, sentia como esa energia me juzgaba y no me dejaba sentir y entregarme a la imaginacion,

Sin embargo aumentaba mi conciencia y mi amor y un llanto rompia esas voces que no me dejaban imaginar.

Se sentia muy liberador, lloras porque al imaginar tu cerebro no sabe que es real y que no, **entonces con la imaginacion sos capaz de trascender el tiempo y el espacio,** Y al llegar a un pico muy alto de una emocion, un pico de amor, alegria, tristeza, ocurre una

ruptura de sistemas de creencias, que producen lo que nosotros conocemos en occidente como llanto.

El llanto es una herramientas de purificacion de energia estancada. Al llorar se produce una aceleracion de tus ondas cerebrales que hacen mover toda el agua de tu cuerpo. La mejor manera de **llorar es con conciencia**, a que conscientemente llores todas las energias que no queres mas en tu vida, y hagas lo mismo cuando te estas sonando la nariz, esto aumenta la purificacion.

Llorar sin conciencia, es utilizar el llanto para la victimizacion. Esto es muy peligroso, porque el ego se alimenta de la atencion de los demas para alimentar y amplificar sus inseguridades.

La mejor manera de erradicar este comportamiento es trayendo la conciencia en cada llanto y poner la intencion de purificacion

Luego de varias veces de meditar e imaginar sin miedo canalice la siguiente lista otra vez

- Meditacion
- Arte
- Hongos
- Leer
- Familia
- Amigos
- Naturaleza
- Viajes

Tenia que volver a los habitos que tenia cuando me sentia feliz, aun asi no sienta mas placer por hacerlo ya que el placer estaba siendo tapado por la depresion. Habia que tomar accion.

Comprendan que la depresion, tristeza, ansiedad, stress como agua y manteca

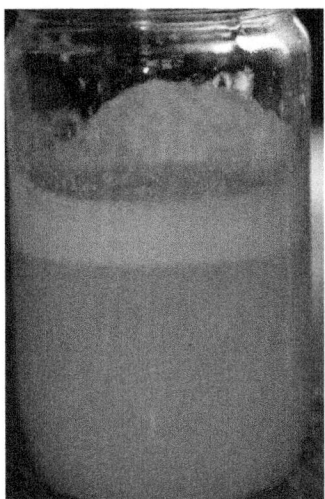

Su escencia, su niño interno esta al fondo del frasco, y cuanto mas te acercas a la superficie mas espesa y densa se pone la capa de manteca que te impide atravesar. Esa capa no deja entrar la luz, esa capa no deja salir el agua. Se produce un estancamiento

Tambien pueden comprender la depresion, stress, ansiedad como piedras en un rio.

Cuanto mas piedras hay, mas dificil se le hace al agua correr, cuanto mas dificl es para el agua correr, aumenta la posibilidad de que el agua se estanque y se pudra.

Digamos que nuestra escencia es el agua que fluye por el rio y las piedras son los pensamientos y sentimientos generados por la depresion.

Lo que me ocurria es que iba a meditar, sacaba fotos, tocaba la guitarra, cantaba un poquito, leia, pero nada me daba el mismo placer que antes. Esto era extremadamente frustrante tanto para mi, como para mi alianza. Era como que no habia salida

Te advierto que tengas paciencia y persistencia en este paso, porque puede ocurrirte que cuando intentes de hacer cosas que te hacian feliz, que te inspiraban, notes como los pensamientos y sentimientos de la depresion no te dejen disfrutarlo del todo, pero tenes que persistir haciendolo, te prometo que ira sanando con neuroplasticidad

Empece a juntarme con gente, empece a viajar a Stirling una vez por semana para estar en contacto con la reserva natural de alla, comence leer otra vez, comenzamos a hacer arte y semana a semana pudimos ver los primeros resultados, pudimos ver que ya teniamos mas ganas de despertarnos, teniamos mas ganas de vivir, cuando empieces a experimentar esto es importantisimo **que te detengas a felicitarte**. Estas progresando, felicitate, ya notaras que los pensamientos y sentimientos de la depresion van tomando cada vez menos fuerza porque **elegis** con tu conciencia no alimentarlos de manera consciente.

Por eso es importantisimo que creen habitos de alta frecuencia, y si no saben cuales son esos habitos el consejo de este paso es clarisimo, volve a las memorias de la ultima vez que te consideraste feliz, y fijate cuales eran esos habitos. La mente quizas intente sabotearte diciendo *"pero yo cambie" "no soy el mismo"* No le creas es una trampa, hay cosas que estan tan profundo en tu subconsciente que incluso vienen de otras vidas la pasion y el amor a estas actividades.

Asi fue que comence a hacer todas las actividades que me hacian feliz

Paso 7: Proposito

El proposito es la razon por la que algo fue creado, o la razon por la que algo tiene existencia.

Es necesario que en este paso, realmente te tomes el tiempo a recordar en tu infancia, a recordar tus sueños, a recordar si alguna vez sentiste ese proposito, ya que este es un buen momento para revivirlo

Los beneficios de recordar o tener proposito son:
- Sabes donde proyectar la energia
- Reconocimiento de distracciones
- Aumento de la motivacion y felicidad
- Razones por las cual crear

Siempre recorda que sos un ser humano, y todos los seres humanos disponemos de una mente, que atraves de tus pensamientos y sentimientos podes crear realidades, y la intencion es la manera de proyectar todo ese poder

Que fabulosa es la reflexion de que todo, absolutamente todo comenzo con un pensamiento

La computadora o libro en el que lees estas paginas, el concepto de escritura en diferentes lenguajes, la forma de las letras, la forma de los edificios, las recetas de comida, la cama, el concepto de casa, el concepto de ducha, el automóvil, el cohete, el avion, una silla, los cubiertos, la electricidad, la heladera, el reloj, EL INTERNET, EL INTERNET, EL INTERNET,

Siente y Reflexiona conmigo que absolutamente **todas estas invenciones empezaron con un pensamiento,** que se unio a otro conjunto de pensamientos y **formaron una idea,** que se esparce en las mentes de otras personas **atraves de la palabra** y que se lleva acabo atraves de **nuestros cuerpos con la accion.**

El ser humano es una especia admirable, maravillosa, extremadamente creativa, extremadamente capaz y sos muy afortunado u afortunada de estar dentro de esta experiencia ahora mismo, porque tenes **una mente para crear ideas y un cuerpo para llevarlas acabo** y vos podrias ser parte de la proxima invencion, del proximo libro, de la proxima cancion, de la proxima enseñanza de amor,

SOS CREADOR, SOS CREADORA, y te necesitamos en el planeta tierra, quedate con nosotros y comparte tus creaciones, deja tu semilla.

A medida que ibamos aumentando nuestra conciencia con mi alianza, comenzabamos a darnos cuenta que estabamos peleando por cosas irrelevantes a veces producto del egoísmo generado por la depresion, la depresion nos estaba haciendo egoistas, solo pensabamos en nosotros, y una voz engañosa va querer decirte *"Yo no puedo ayudar a nadie porque no estoy bien",* no le creas, **otra mentira de la depresion para justificar su egoismo.** Siempre se puede ayudar, mientras tengas respiracion en tu cuerpo, sos capaz de ofrecer ayuda en alguna area especifica de la vida de otra persona, puede ser un consejo, una habilidad, una historia.

Instalen en su subconsciente la idea que siempre es posible ayudar, y evitaran drasticamente las posibilidades de caer en la depresion

Nos dimos cuenta que nos faltaba un proposito, nos reunimos con mi alianza y le dije,

-Que te entusiasma?

Luego de una breve charla llegamos a la conclusion que los dos queriamos irnos de ese horrible edificio, del Council Building, donde olia mal, viviamos con ratas y mis vecinos me habian robado.

Entonces empezamos a idear un plan para irnos de ese horrible lugar, eso les digo sinceramente era mi motivacion principal en la vida, mi proposito.

Otra cosa importantisima para notar, que cuando comenzas a salir de la depresion una señal es que comenzas a tener nuevas ideas que dan soluciones, el proposito te ayuda a canalizar esas ideas.

Motivado con la idea de irme de ese horrible lugar, tome un tren de Edimburgo a Londres y logre convencer a los inversores de Horus Market que podia vivir fuera de Reino Unido.

Esto me permitia tener los ingresos de mi empresa y **vivir practicamente en cualquier parte del mundo.**

Recuerdo la felicidad al enterarme de esta noticia, estaba en Kennington Park, en Londres y llame a Luana, mi alianza y para avisarle que aceptaron mi propuesta y que podiamos vivir en cualquier parte del mundo.

Ese sentimiento de que podes vivir exactamente donde queres, ya que los ingresos que teniamos no eran suficiente para tener una vida decente en Reino Unido

Al llegar a Edimburgo, agarramos el mapa del mundo y le pregunte donde le gustaria vivir, ella me miro con los ojos llenos de luz y comenzamos a imaginar

Hicimos un cuadro comparativo de pros y contras de las siguiente ubicaciones del planeta
Amsterdam, Netherlands
Bariloche, Argentina
Buenos Aires, Argentina
California, Estados Unidos
Londres, Reino Unido

Se imaginaran cual fue la ganadora?

La ganadora fue la tierra donde nos conocimos, la tierra donde nos encontramos, San Carlos de Bariloche

Los pros fueron
La moneda Libra Esterlina valia mucho mas en la Argentina, es decir, que teniamos mas valor, por menos cantidad de dinero

La encantadora y pura naturaleza

Estabamos relativamente cerca de la familia

Fue donde todo comenzo, fue donde nos conocimos

Ya estaba decidido, nuestro nuevo proposito seria llegar a comenzar una nueva vida en San Carlos de Bariloche

Detenganse un momento ahora, y elijan cual es su proposito. El proposito debe ser lo suficientemente fuerte como para hacerlos levantar de la cama. Por experiencia, les cuento que cuanto mas personas se beneficien por la cumplicion de su proposito mas energia creativa tendran disponible del cosmos

Si ocurre que no tenes proposito o nada te entusiasma, no te castigues, ni te culpes, no es necesario, significa que hay que aumentar un poco mas la conciencia, aumentar aun mas la energia creativa y el proposito ira tomando forma. Asegurate que tu proposito es algo que cuando lo imagines te hace sentir feliz y entusiasmado.

Escribe tu proposito aca. Si no puedes escribirlo, vuelve a ser un niño e imagina que tienes uno.

Capitulo 4: Las 7 Esferas de la Felicidad

Luego de trabajar con cientos de personas que transcitaron estados depresivos, de stress, ansiedad u obstaculos en su vida pude notar que nuestra insatisfaccion con la vida radica en la desarmonizacion de 7 Esferas, 7 Esferas que luego de una hermosa siesta desperte con la imagen de 7 Esferas que forman la felicidad humana.

7 Esferas que se aplican en todos los universos, que se aplica en todo tiempo y espacio de la humanidad. La armonizacion de esta 7 esferas lograran un humano feliz.

Las 7 esferas de la Felicidad son un regalo que me hicieron en un sueño hacia la humanidad para advertirles de cuando su felicidad podria sufrir un colapso.

Las 7 Esferas de la Felicidad son una herramienta para aumentar tu felicidad y para reducir drasticamente las posibilidades de caer en una depresion en tu vida. Tambien saber esta informacion sirve para poder reconocer la felicidad de otras personas y para saber como ayudarlas en sus estados de crisis

Quiero que sepan que luego de trabajar con ciento de personas que sufren de stress, falta de proposito, ansiedad, depresion muchas veces ocurre que ni ellos mismos saben de donde proviene esa depresion, ansiedad o stress, y esta herramienta universal que les traigo hoy en este libro les ayudara a encontrar la posible raiz de sus miserias, de su insatisfaccion.

Las 7 Esferas estuvieron siempre enfrente tuyo dentro de este libro, veamos de nuevo como era mi vida en mi estado de mas felicidad

Estado de Felicidad, Bariloche 2021

Hogar: Vista de la casa en la que viviamos. Veiamos el atardecer caer sobre las montañas mientras tomabamos mate con amigos y agradeciamos cosas lindas que habian pasado en el dia

Alianza. Habiamos hecho un pacto sobre el lago Nahuel Huapi con mi compañera en el que el objetivo iba ser crecer espiritualmente y financieramente. Esta foto nos la saco un amigo dias despues del pacto para un comercial de chocolates

Salud. Actividades fisicas que me mantenian cerca de la Naturaleza y me alimentaba con comidas naturales ricas en energia solar

Comunidad, Servicio, Finanzas y Recursos. Estaba dando mis servicios como CEO de un startup en Londres, haciendo coaching y guiando en su crecimiento espiritual a buenos amigos. Estaba muy satisfecho con mis ingresos ya que me permitian tener un estilo de vida que me permitia cumplir todos los sueños que a mi niño interno lo mantenian alegre, entusiasmado y feliz

Evolucion: Estaba leyendo libros que sentia fuertemente que estaban aportando a mi proceso evolutivo y me ayudaban a recordar mi proposito en el Planeta Tierra

Estado de Depresion, Edimburgo 2021

Miren, les muestro un pantallazo de imagenes de lo que era mi vida en aquel momento

Hogar. Viviamos en un Council Building, un edificio del gobierno donde meten a la gente que no tiene trabajo, esta deprimida, estuvo en prision o se intento suicidar. El edificio era muy gris y olia terrible. Mis vecinos me robaron el scooter

Alianza. La relacion con Lu estaba llena de discusiones que antes no existian, es como si nos hubiesemos olvidado de nuestro objetivo y Luana se enfermaba regularmente y le estaban agarrando atracones con la comida. No nos lograbamos poner de acuerdo en donde proyectar nuestra energia

Salud: Como tenia miedo de salir de mi casa y tampoco queria porque me habian robado mi scooter comence a tener una vida sedentaria sin salir de mi casa, comiendo comidas procesadas muy toxicas para mi cuerpo y estaba fumando demasiada mariguana, lo que hacia que el pensamientos se estimule, y mas de una vez me encuentre ahogado en mi depresion. Deje de ir a la Naturaleza

Comunidad: Como no salia de mi casa no existia la posibilidad de hacer amigos, y como era nuevo en la ciudad tampoco existia la posibilidad de juntarme con familiares ni amigos, ya que los familiares mas cercanos estaban cruzando el atlantico. Luego de la depresion comence a dejar de cargar el telefono, asi que tampoco hablaba con nadie.

Servicio: Horus Market se estaba quedando sin recursos, 2 personas habian renunciado y sentia muchisimo stress y ansiedad al no saber como seguir para pagarle el salario al otro co-founder, ya que el otro co founder del startup tambien estaba entrando en una depresion debido a una fractura en el pie.

Finanzas y Recursos: Mi recurso mas divertido que era el scooter me lo habian robado, y las finanzas estaban fatal, no teniamos a veces para comer ya que la renta representaba el 80% de nuestros ingresos. No podiamos salir ni a tomar un cafe porque podria significar no poder pagar la renta, a veces incluso tuvimos que colarnos en trenes para poder seguir teniendo las reuniones con los inversores y que no nos saquen el ingreso. Pagar el tren representaba 20% de nuestros ingresos, que ese 20% estaba destinado a alimentarnos. Era literalmente elegir si comiamos o pagabamos el tren. Mas de una vez tuvimos que pedir por comida porque con lo que alcanzaba en nuestro presupuesto, solo comiamos una vez al dia.

Evolucion: Los habitos que me hacian sentir feliz y consciente, lo habia dejado de hacer, habia dejado de leer, habia dejado de meditar, habia dejado de ir a la naturaleza, habia dejado de reirme, habia dejado de cantar o tocar la guitarra, habia dejado de sacar fotos, habia dejado de hacer mis ceremonias con hongos psilocibe. NO HABIA EVOLUCION EN MI SER.

Las 7 Esferas de la Felicidad

Ahora comprenden la diferencia radical que hay entre mi estado mas feliz y el punto mas profundo de la depresion. **El entorno habia cambiado, las cosas que me hacian bien habian desaparecido.**

Las 7 Esferas de la Felicidad son una formula para lograr que cualquier humano sienta plenitud

Las 7 Esferas de la Felicidad son
- Salud
- Hogar
- Comunidad
- Servicio
- Evolucion
- Alianza
- Recursos y Finanzas

Esfera de la Salud

La salud es la armonia entre su cuerpo, mente y alma, si la salud esta desarmonizada, tanto fisica como psiquica, tu campo electromagnetico va tener dificultades para canalizar la informacion que tu alma le envia al cuerpo y mente.

El alma es el puente, la conexion entre el mundo divino y el mundo material, y el alma es el canal por el cual descargas la informacion de los planos mas sutiles de la realidad.

Tus 6 sentidos solo pueden captar una fraccion de la totalidad de la realidad, y el alma es la que te ayuda a aumentar tu conciencia, aumentar la percepcion de la realidad.

Tener un cuerpo y mente sana, significa tener un canal puro para la descarga de informacion, que son nuevas ideas, nueva informacion, nuevas creaciones, musica, arte, canto, pintura, danza

Los mas grandes creadores de la historia de la humanidad como Nikola Tesla, Einstein, Budha, Miguen Angelo, Da Vinci, J.K Rowling, The Beatles, Cerati, Juana de Arco

Son personas que mantenieron su canal puro atraves de la canalizacion y creacion de informacion.

Principales Habitos para Amplificar y Sanar la Esfera de la Salud
- **Pensamientos:** De amor, gratitud y felicidad
- **Ejercicio Fisico:** A traves de la danza, el gimnasio, caminatas en naturaleza
- **Alimentacion Solar:** esto quiere decir alimentos que tienen alto contenido en fotones solares como las frutas y los vegetales
- **Naturaleza:** Abrazar un arbol, poner los pies en el suelo, pasar tiempo observando y en contacto con animales
- **Reirse:** La risa produce quimicos naturales como dopamina, oxytocin y endorfinas. Quimicos responsables de la motivacion, aprendizaje, y atencion
- **Meditacion:** La practica de la observacion de la mente hace que esta se purifica
- **Energia Sexual:** La sexualidad pura, pura quiere decir que no se busca alimentar al ego atraves de fetishes e inseguridades, amplifica la conexion con el alma
- **Neuroplasticidad:** Hacer cosas nuevas, conocer nuevas personas, nuevos estimulos, nuevos sentimientos.

Principales Habitos que Reducen y Enferman la Esfera de la Salud

- **Vida Sedentaria**
- **Uso Obsesivo de la Technologia:** Pasar largas horas mirando pantallas, las pantallas emiten luz azul que afectan la produccion de dopamina de tu cerebro, responsable de la produccion de felicidad, la cantidad de horas que pases mirando una pantalla debe ser igual o menor a la cantidad de horas que pasas en la naturaleza. El uso continuo de las pantallas calcina la glandula pineal, haciendo mas dificultoso la canalizacion
- **Pensamientos Compulsivo:** De inseguridad, humillacion, victimizacion, culpa, verguenza, miedo, chismes de otros, comparacion, juicios
- **Alimentacion Procesada:** Alimentos que carecen de fotones solares como las carnes, galletas, helados, hamburguesas, cremas, comidas en lata, comida congelada, pasta dental.
- **Cremas y Maquillajes Procesadas:** Estos productos procesados al entar en contacto con la piel producen sutiles desarmonizaciones celulares que alargo plazo traen enfermedades y a corto plazo pensamientos toxicos con el cuerpo y la comida
- **Farmacos y Alcohol:** El uso de farmacos reprimen el la raiz de las enfermedades psicosomaticas, haciendo imposible o muy borroso para la conciencia encontrar la raiz de la enfermedad para poder romper el patron, romper el patron es no tener esa enfermedad otra vez o similar.
- **No Respetar el Cuerpo**

Esfera de Hogar

El hogar es el espacio donde el cuerpo descansa, donde se regenera, donde puede bajar la guardia sobre el entorno.

El hogar es un espacio en la tercera dimension para recargar energias, e incluso para amplificar las energias que estas trabajando y luego vas a ir a compartir con el mundo, canciones, trabajos, ideas, proyectos.

En la esfera del hogar nacen muchas creaciones, por eso es importante que esta esfera este armonizada, porque podria afectar drasticamente tu habilidad de crear realidades en el entorno.

Tu hogar, es tu templo, y es necesario que lo respetes y lo cuides asi como lo haces con tu cuerpo. Si no respetas el templo, no respetas tu poder creador.

Es necesario tambien que respetes donde se come, donde exploras tu energia sexual, donde trabajas, donde crear arte, se recomienda altamente tener lugares especificos donde se come, trabaja y se tiene sexo, y no mezclarlos porque podria generar interferencias en el subconsciente.

El problema que estan sufriendo las grandes ciudades con los monoambientes es que tienen todo en el mismo espacio y se mezclan las energias, es necesario crear energias en diferentes espacios, por eso el baño no esta en la cocina. Los espacios son sagrados

Debemos respetar nuestro templo y no dañarlo ni fisica ni mentalmente, no romper puertas, ni tirar cosas, ya que esto daña subconscientemente el simbolo de hogar y te quita las ganas de pasar tiempo en tu casa, Tampoco dañarlo mentalmente teniendo conversaciones telefonicas de peleas, o incluso peleas con nuestra familia dentro de nuestra casa, pensamientos de ansiedad, stress y depresion.

Principales Habitos para Amplificar y Sanar la Esfera de Hogar

- **Arte:** Cantar, pintar, bailar son expresiones del alma que dejaran entrar mas tu escencia en tu hogar y lo haran un lugar confortable para tu cuerpo y mente
- **Invitar Seres de Luz:** Invita personas que son nobles con sus pensamientos, palabras y actitudes, esto hara que la casa se cargue de energia alta
- **Reirse:** Reite dentro de la casa para asociar la diversion y el entretenimiento con el hogar
- **Animales:** Ten animales que te acompañan como gatos, esto hara que tu casa tambien este protegida en otras dimensiones, se recomienda no obligar a estos animales a vivir con vos, sino que ellos elijan acompañarte para que esto ocurra noblemente.
- **Apagar Router Wifi y Technologia:** Las vibraciones de la technologia desarmonizan el campo electromagnetico humano, ya que la technologia humana todavia no esta alineada a los conocimientos de la fisica cuántica y la naturaleza.
- **Naturaleza:** Plantas, cactus o cualquier tipo de ser vivo que se alimente de los fotones solares
- **Cristales:** Capaz de ionizar el Hogar, los cristales son transformadores de energia por naturaleza
- **Decoracion:** Decorar la casa con simbolos universales y geometria sagrada

- **Madera:** Si la casa esta hecha de madera es capaz de canalizar pensamientos y sentimientos que esten vibrando a frecuencias densas
- **Fuentes de Agua:** Aumentan la fluidez de energia y ayuda a aumentar la intuicion
- **Minimalismo:** Utilizando lo necesario generas espacio en tu mente. Steve Jobs era un gran minimalista
- **Musica:** A traves de la vibracion de la musica se puede ascender la vibracion de los espacios, como al escribir estas palabras escucho https://open.spotify.com/track/3mKK9QqXmq3RrgKSbJzlIn?si=c8f6bf17e873411b
- **Orden y Limpieza**
- **Luces Calidas:** Las luces calidad tienen una mejore regulacion en la dopamina.

Principales Habitos que Reducen y Enferman la Esfera de la Salud
- **No Respetar los Espacios**
- **Pelearse o Enojarse dentro del Hogar**
- **Uso Compulsivo de Technologia dentro del Hogar**
- **Falta de Naturaleza:** La falta de naturaleza en el Hogar puede hacer que se produzca un estanque de la energia. Las plantas ayudan a absober pensamientos densos de nuestro campo electromagnetico
- **Casa Sucia**
- **Casa con Moho**
- **Casa Despintada**
- **Paredes Rotas**
- **Decoraciones:** que alimentan la violencia, ansiendad, stress o otras emociones densas
- **Desorden:** Que las cosas no tengan lugar genera un desgaste de energia
- **Acumulacion de Materia:** El acumulamiento compulsivo de materia, genera exceso de pensamientos aumentando la posibilidad de pensamiento compulsivo y dificultando la canalizacion de ideas
- **Goteras:** Fugas energeticas, por lo general del dinero.
- **Luces Prendidas:** Fuga de la energia creativa
- **Vivir con los Padres:** Vivir con los padres es un simbolo onirico que la hace daño al subconsciente
- **Pelear con tus padres, si es que vives con ellos**: Si estas enviando pensamientos negativos hacia tus padres, tambien estas faltando el respeto a tu hogar, ya que tus padres son los guias que elegiste en esta vida, y debes honrarlos porque ellos hacen lo mejor que pueden para ayudarte, entre esas cosas, te prestan su casa.
- **Pelear con la Alianza:** Pelear con tu compañera o compañero dentro de la casa tambien reduce el campo electromagnetico de la casa
- **Muertes en la Casa:** Las muertes no resueltas
- **Luces Frias:** Las luces frias alteran el ciclo de melatonina en tu cerebro, produciendo una desregulacion en los niveles de dopamina, consumiendo tu energia creativa

Esfera de la Comunidad

La Comunidad es la tribu, la familia, los amigos, los aliados, los compañeros de trabajo o estudios, la importancia de esta esfera se remonta desde los principios de la humanidad con las tribus y lo importante que era para nosotros ser aceptado por ella.

Desarmonia en esta esfera puede significar un deseo a no relacionarse con personas, a estar solo por haber sido de alguna manera rechazado.

En nuestro subconsciente radica el profundo miedo de ser rechazado por la comunidad, ya que esto en otros momentos estaba relacionada a nuestra supervivencia, ser expulsado por la comunidad podria literalmente significar la muerte o la migracion

Hoy se activan estos miedos cuando nos expulsan del trabajo, no perdemos solo trabajo, sino tambien perdemos comunidad, y hay un sufrimiento psiquico ya sea en las mudanzas o en los cambios de trabajo o estudio e incluso cuando terminamos la relacion con nuestra pareja.

La comunidad es importantisima para acelerar tu proceso de creacion de realidades.

Las mejores comunidades son aquellas que los une un proposito noble, que contribuya con el aumento de la conciencia del Planeta Tierra

Principales Habitos para Amplificar y Sanar la Esfera de Comunidad
- **Amigos y Aliados:** Reunirse con personas para poder expresar lo que va ocurriendo en tu vida
- **Familia:** Reunirse con las personas con las que encarnaste en esta vida aumentara el simbolo de comunidad drasticamente, mas alla que no compartan las mismas creencias, es importante unirse
- **Compartir tus Creaciones:** Compartir tu arte, tus ideas con la comunidad aumenta la conciencia en el chakra raiz
- **Objetivos:** Poner objetivos como vacaciones familiares, viajes con amigos, juntarse a cantar
- **Asistir a Eventos**
- **Voluntariados**
- **Trabajos**
- **Deportes y Actividades Extracurriculares**
- **Viajar**

Principales Habitos que Reducen y Enferman la Esfera de Comunidad
- **Juicios Compulsivos a Comunidad**
- **Soledad**
- **Peleas con la Comunidad**
- **Rechazo a la Comunidad**
- **Rechazo de la Comunidad**
- **Inaccion:** Estar constantemente hablando y no hacer cosas, la inaccion estanca la energia de las comunidades haciendo que se acumule en la mente y no se distribuya por el cuerpo

Esfera del Servicio

El servicio es utilizar nuestros conocimientos y habilidades escenciales para ayudar a la comunidad. El servicio es la accion para ayudar que un proyecto se complete.

Nuestros conocimientos y habilidades escenciales son todos aquellos que venimos aprendiendo de todas nuestras experiencias a traves de todas las dimensiones sean humanas o no. Son los conocimientos y habilidades que tenemos de nuestros ancestros y los ponemos al servicio de la comunidad para beneficiarla y aumentar su conciencia

Esta esfera aromonizada es si tu servicio esta alineado con tu trabajo, esto producira un aumento en tu felicidad y una sensacion de satisfaccion y valor. Alinear tu servicio con el dinero es una de las sensaciones mas satisfactorias que puede lograr un humano.

La desarmonia en esta esfera es que odies tu trabajo, que tu servicio sea monotono o incluso peor, que no este alineado con tus conocimientos y habilidades escenciales produciendo un gran daño en el chakra sexual

Lo importante en esta esfera es que un servicio es algo que aporta valor, y que algo tenga valor, quiere decir que es necesario, que es util, que es importante.

Principales Habitos para Amplificar y Sanar la Esfera de Servicio

- **Hacer Voluntariados:** Los voluntariados ayudan a disolver el ego y recordar el proposito de ayudar
- **Trabajar de lo que te Gustar:** Si te gusta la musica, trabaja en la musica, crea canciones, pinta, baila, trabaja en proyectos que te entusiasmen. Mas alla aunque al principio no te retribuya con el dinero, hacelo por la energia que te produce.
- **Alinear el Dinero con tu Servicio:** Gana dinero de tus creaciones, de tus proyectos, asi podes distribuir el mensaje a mas personas.
- **Compartir tus Creaciones:** Comparte tus canciones, pinturas, bailes, chistes, aquello que creaste compartilo, no dejes que el miedo a las criticas apague tu luz, no dejes que el egoismo te haga esconder tu escencia
- **Respetar tu Servicio:** Que otros te paguen por lo que haces aumenta el respeto de tu servicio.

Principales Habitos que Reducen y Enferman la Esfera de Servicio

- **Trabajar de lo que Odias:** Si se siente pesado, si es lunes y ya queres que sea viernes, si es aburrido, si dejaste de aprender, si dejaste de reir, probablemente tu alma te este pidiendo un cambio.
- **Regalar Compulsivamente tu Servicio:** Regalar constantemente tus servicios y no cobrarlos, o cobrarlos muy baratos puede dañar el chakra sexual y el raiz, afectando al seguridad, la identidad entre otras cosas
- **Inactividadad Laboral:** Estar largos periodos sin trabajar o sin participar en proyectos utilizando tus conocimientos y habilidades hacen mal.

- **No Respetar tu Servicio:** Dejar otros se burlen de lo que haces, o que lo tomen en broma generan interferencias en tu servicio.
- **No Respetar el Servicio de otros:** Burlarse del servicio de otros, o tratar de negociar o reducir su precio o incluso no querer pagarlos o quejarse por lo que cobran o dejan de cobrar.

Esfera de Evolucion

La evolucion es el crecimiento, el desarrollo de un cuerpo, mente y alma

La evolucion es transformacion, la evolucion es conocimiento, la evolucion es experiencias vividas en el planeta Tierra. La evolucion es amor, y el amor es evolucion.

Cualquier ser que se le rodee de amor, evolucionara por naturaleza.

Si a una planta se la da mucho amor, podria dar flores nuevas, evolucionar es nuevas habilidades, nuevos conocimientos. Evolucionar es proposito, Evolucionar es Conciencia.

Esta esfera armonizada es un amor y entusiasmo puro a querer aprender, a ser curioso, a querer vivir nuevas experiencias, a comprender que no sabemos, que decir que sabes es limitarse.

Esta esfera desarmonizada es creer que ya sabes, esto genera la programacion subconciente de frenar el instinto de curiosidad, frena el entusiasmo por la vida, te deja estancado en la rutina. Tambien no hay interes en aprender, o vivir experiencias nuevas.

Principales Habitos para Amplificar y Sanar la Esfera de Evolucion

- **Viajar:** Te encuentra con otras culturas, creencias, paisajes, colores, arquitectura, historia, auras
- **Vivir Experiencias Nuevas:** Genera Neuroplasticidad
- **Arte:** El arte es un canal divino hacia la evolucion
- **Leer Libros:** Leer es una oportunidad para escuchar historias fuera de tu circulo de comunidad.
- **Vivir en la Naturaleza:** Vivir rodeado de naturaleza te conecta con el constante cambio de las estaciones y evolucion de la conciencia planetaria. Pies en la Tierra, Ojos en las estrellas, Olfato en los aromas del eucalipto, Oidos en el canto de los pajaros, Sabor en las frutas.
- **Aprender:** Estar en constante aprendisaje durante tu transcurso en el planeta tierra
- **Sueños Lucidos:** El mundo onirico te conecta con el mundo divino y te permite tener una percepcion mas amplia de la realidad
- **Imaginar:** Imaginar tus deseos, objetivos, deseos aumenta la creatividad
- **Respirar:** Enfocarte en la respiracion
- **Proposito:** El proposito guia tu cuerpo y mente a la ascension

Principales Habitos que Reducen y Enferman la Esfera de Evolucion

- Dejar de Aprender
- Dejar de Sorprenderse
- Dejar de Vivir
- Falta de Proposito
- Falta de Entusiasmo
- Desconeccion con la Naturaleza
- Desconeccion con el Arte
- Dejar de Reirse
- La Rutina sin aprendizajes
- El Miedo Cronico
- Pensamiento Compulsivo
- **Vivir en Ciudades sin Naturaleza:** La ciudad genera una capsula del olvido, a las almas le cuesta recordar su propósito porque estan encapsular por el campo electromagnetico del resto de los habitantes y las ondas que producen la technologia. Vivir en ciudades montañosas te protegen del impacto technologico. El magnetismo de las montañas repele la contaminacion tecnológica
- No Expresar las Emociones
- No Compartir
- Soledad

Esfera de Alianza

La alianza es el ser que elegis en esta encarnacion en el planeta tierra para formar familia, para crear proyectos, para vivir juntos la experiencia humana.

La alianza puede empezar con algo tan simple como un viaje juntos a Londres y en algo tan magnifico como construir una empresa, un proyecto, una casa y una familia.

La alianza es la union de dos energias para lograr un fin comun.

Dentro de nuestra biologia hay un deseo subconsciente de tener un compañero o compañera mas fuerte que cualquier programacion que el sistema pudo llegar a inventarse. Venimos de miles de años uniendo hombres y mujeres con el objetivo de procrear la raza humana, en tribus de pocos habitantes donde el invierno arrasaba con mitad de la poblacion, nuestro instinto nos pedia para nuestra supervivencia el deseo de reproducirnos para mantener la especie viva.

Este deseo es muy fuerte como para que alguna programacion que absorviste del sistema lo destruya.

Cuidado lectores con frases como "estoy bien solo" "No quiero estar con nadie" "No necesito" pueden ser afirmaciones que esten intentando apagar el fuego de millones de años de la biologia humana. Esta represion solo generara la auto destruccion y desarmonia en esta esfera.

En occidente le llaman, novios, marido, mujer, compañero, esposa, esposo, relacion abierta, cerrada, entre abierta, amigovio, amigo con derecho, llamalo como quieras pero se consciente que dentro de toda mente humana descansa el poderoso deseo de compartir tu energia con otro ser para la evolucion de la especie, y esta bien seguir ese deseo, aumenta la felicidad, se feliz, no lo reprimas.

Una alianza es un pacto de lealtad, fidelidad por el resto de tu estancia en el planeta tierra

Una alianza es una responsabilidad, una de las decisiones mas conscientes e importantes de tu vida.

Alianza es luz, es evolucion, es prosperidad, es desarrollo, es poder, es fuerza, es amor, es transformacion, es alegria, sabiduria, crecimiento espiritual, desafio, aprendizaje, vida, paciencia.

Comprendan que eligieron a este ser para que los acompañe en su evolucion durante su estancia en el planeta tierra, y en base a eso creen acuerdos dentro de la frecuencia del amor y gratitud para no alejarse del camino y proposito original

Principales Habitos para Amplificar y Sanar la Esfera de Alianza
- **Compartir tu vida con otro Ser**
- **Vinculo Amoroso-Sexual**
- **Crear Familia**
- **Cumplir Sueños con Alianza**
- **Crear Acuerdos con Alianza**
- **Hacer el Amor:** Compartir tu energia sexual con tu alianza con la intencion de amar y sanar aumenta drasticamente la dopamina, la confianza en uno mismo, la alegria, la conexion con el cuerpo y una lista larga de beneficios
- **Gratitud**
- **Co-crear Proyectos**
- **Ir de viaje**

Principales Habitos que Reducen y Enferman la Esfera de Alianza
- **Mentir u Ocultar**
- **Faltar el Respeto**
- **Humillar a la Alianza**
- **Romper Acuerdos de la Alianza**
- **Falta de Cariño**
- **Dar por hecho su compañia**
- **Dejar de Agradecer**
- **Falta de Sexo**
- **Cambiar Alianza Regularmente**
- **No Consultar las Desiciones**
- **No Apoyar las decisiones de Alianza**

Esfera de Recursos

Los Recursos es la materia que necesitas para llevar a cabo tu proposito lo mas comodo posible.

Los recursos es todo lo que involucra el mundo material, el dinero, las casas, el auto, la technologia, la ropa

A lo largo de la evolucion humana se utilizaron muchos sistemas de intercambio para la obtencion de recursos, el trueque, fue uno de los mas pritimitivos, luego los metales, como las monedas de plata u oro, y ahora utilizamos el papel, que le llamamos dinero, y proximamente las cryptos, el dinero digital.

Los sistemas de intercambio estan en constante cambio, pero las bases son las mismas, cuanto mas tengas de X mas rapido y facil vas a conseguir Y

En los tiempos de tribus, aquellos que mas recursos tenian eran lo que mas comodos y mas tiempo vivian, los que podian resistir mayor cantidad de inviernos.

No tener recursos representa stress y ansiedad para el ego, ya que le recuerda subconscientemente la muerte, o el peligro de su existencia

Hoy nuestro ego asocia este peligro de muerte con el recurso llamado dinero. El ego cree subconscientemente que si no tiene dinero, morira.

El primer recurso primordial en la historia de la humanidad fue y sera siendo el agua, el sol, y la tierra.

Esos son los elementos basicos para el desarrollo y evolucion del individuo.

Los recursos son necesarios para que el ser se pueda expresar libremente, gracias a recursos como el dinero se pueden comprar viajes, instrumentos musicales, crear peliculas, crear libros, hacer fiestas, comprar ropa y mas

Armonia en esta esfera llevara al cuerpo, alma y mente a utilizar los recursos con el proposito de la expresion del ser y el cumplimiento del proposito original

La desarmonia en esta esfera llevara a utilizar los recursos al servicio del ego, alimentando eternamente inseguridades y nunca logrando la satisfaccion plena. Viviendo con esa sensacion de "Nunca es suficiente" o dentro de la ilusion de "Cuando consiga esto me sentire satisfecho"

Principales Habitos para Amplificar y Sanar la Esfera de Recursos

- **Alinear la Esfera de Servicio con el Dinero:** Alinear tu servicio con el dinero te motivara a crear mas dinero y simultaneamente te motivara a que tu servicio alcance mas personas y al tener el dinero para hacerlo, por amor lo vas a hacer.
- **Tener una Relacion Sana con el Dinero**

- **Pensamientos de Abundancia:** Pensamientos de gratitud aceleran la manifestacion del mundo material
- **Tener Altar del Dinero:** Honrar el sistema de intercambio del planeta que encarnaste ayuda acelerar el proceso de manifestacion
- **Sistemas de Inversion:** Aprender como invertir tus recursos aumenta la seguridad con el dinero y como utilizarlo
- **Aprender sobre Finanzas:** Aprender sobre el sistema financiero donde encarnaste te ayudara a mejorar la relacion con el dinero.
- **Sistemas de Ahorro:** Ahorrar una parte de tus recursos, por ejemplo en dinero u oro, genera un habito de proteccion y cuidado, que te permitira estar preparado para imprevistos, aumentando tu seguridad y reduciendo el miedo a equivocarte.
- **Donacion:** Donar parte de tus recursos a una causa que consideras noble, genera un cambio en la auto percepcion, aumentando la generosidad y soltando el apego a la materia.
- **Comprar lo Necesario para la expresion del Ser**

Principales Habitos que Reducen y Enferman la Esfera de Recursos
- **Quejarse del Dinero**
- **Pensamientos de Escasez:** Pensar que el dinero es malo, o que te falta, o que fuiste destinado a no tenerlo o justificar la escasez con el pais en el que naciste, o la familia que te toco.
- **Escasez de Recursos:** Tener pocos recursos produce stress, ansiedad y reduce las posibilidades de expresion del ser, ya que te limita de posibilidades como viajar, hacer regalos, acceder a cuidados medicos, comer sano
- **Creencias Toxicas con el Dinero:** Sentir incomodidad en el plexo solar al recibir o entregar dinero reduce drasticamente la posibilidad de atraerlo.
- **Miedo a la Abundancia**

Conclusion

Las 7 esferas de la felicidad es una herramienta universal aplicable en todos los tiempos y espacios de cualquier planeta dentro del cosmos para lograr la felicidad en un ser que experimente un cuerpo, mente y alma.

Es una formula para reconocer donde tu mente podria estar drenando la felicidad
Es una tecnica para detectar que areas hay que trabajar
Es una herramienta para aumentar la felicidad prevenir la depresion.

Es un regalo de los seres con los que me comunico,
Gracias por enviarme esta informacion atraves de sueños. Se que la sociedad los encontrara muy utiles en el transcurso de su estancia en el bellisimo Planeta Tierra

Porque todos en el fundo buscamos lo mismo, porque no somos tan diferentes como parece, nos disfrazamos de banderas, nos disfrazamos de paises, de partidos politicos o de religiones, nos disfrazamos de movimientos filosoficos, nos disfrazamos de deportes, de equipos de futbol, de redes sociales, probamos viajar por el mundo, probamos cantar y hacer arte, probamos formar familia, probamos ver peliculas e incluso probamos crear las nuestras, probamos comprar cosas y despues venderlas, probamos crear dinero y luego invertirlo, probamos tener sexo, probamos darle a nuestros hijos lo que nuestros padres quizas no pudieron darnos, probamos leer libros y luego algun dia tambien crearlos, probamos enojarnos y despues pedir perdon, probamos el silencio y tambien probamos el sonido, probamos estar solo y tambien acompañados, pero a la liberacion de toda forma se me revela que la busqueda es siempre la misma, es vivir una Vida Feliz. Un Sueño Lucido,

Sobre el Autor

Adriel Fantasia es un Recordador Atlante nacido en Buenos Aires, Argentina el 29 de Julio de 1996

Su mision es ayudar a las Personas a Recordar su Proposito en Planeta Tierra traves del Coaching, Meditacion y Canalizaciones de los Seres de Sirio

Habiendo hecho mas de 200 Ceremonias y Retiros alrededor de todo el mundo descubrio una formula en la que puede ayudar a Recordar el Proposito logrando Coherencia entre el Corazon y la Mente

Comunidad Sirio: La Vision de Adriel es dejar una Comunidad Independiente en que ocupe un espacio fisico en Patagonia, Argentina con su propia Economia, Politica, Educacion y Proposito.

Invito a todos los que quieran unirse a crear esta realidad conmigo

https://www.adrielfantasia.com
https://www.instagram.com/adriel.fantasia/
https://www.youtube.com/channel/UCxKIbgofte2PCCRgOcWDxDQ

Musica Utilizada para la Canalizacion de este libro

https://open.spotify.com/album/1XrrxJ8AUxrdoCXUwbvm3J?si=CXhYmEFBSNWRkGufbqIh_w

Printed in Great Britain
by Amazon